Le Cahier d'entraînement
CE1
Français
7-8 ans

CW01649656

Le Guide
spécial parents

pour aider votre enfant à progresser

et tous les corrigés commentés

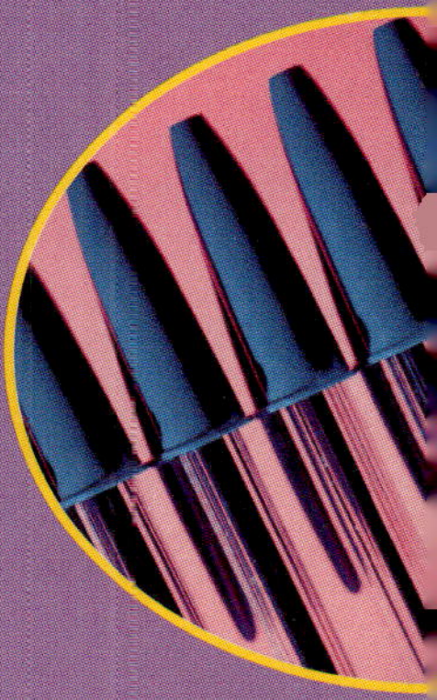

Photos couverture et pages intérieures : © 2008 JupiterImages corporation

papier 100% recyclé

Bordas

www.annees-de.fr

L'ANNÉE DU CE1

DANS LA COLLECTION

L'ANNÉE DE

Toutes les matières en un seul volume

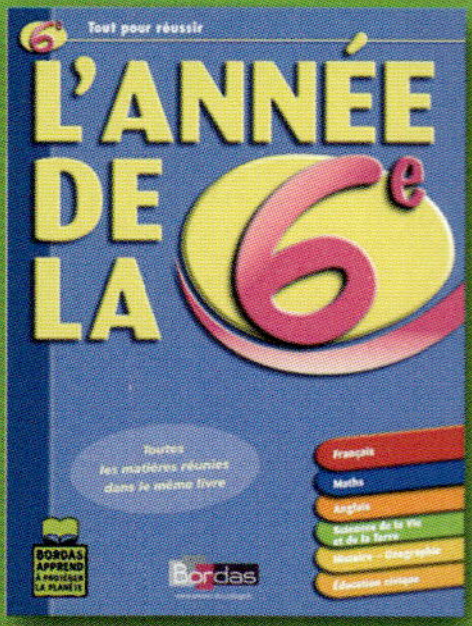

24 titres

pour tous les niveaux de la scolarité
de la maternelle à la terminale
De 6,95 € à 14,95 €

+ D'INFOS :
www.annees-de.fr

papier 100% recyclé

Bordas

Un jeu de questions-réponses pour les curieux à découper et à emporter partout

?

Quel est le contraire du mot « **début** » ?

Réponse : le mot fin.

?

Que désigne un nom ?

Réponse : une personne, un animal, une chose.

?

Quels sont les point que l'on peut trouve à la fin d'une phrase

se : le point, le point amation et le point rrogation.

?

Comment s'appelle la personne qui écrit un texte ?

Réponse : un auteur.

?

De quel déterminant a-t-on besoin pour :
- ... voile du bateau ?
- ... voile de la mariée ?

Réponse : la voile du bateau, le voile de la mariée.

?

Quel est le pluriel des mots « **travail** » et « **journal** » ?

se : travaux, journaux.

?

Comment s'appelle la partie du vélo où tu poses les mains ?

Réponse : le guidon.

?

Quelle est la lettre finale du mot « **jamais** » ?

Réponse : la lettre S.

?

Quel est le féminin du mot « **homme** » ?

se : femme.

Un jeu de questions-réponses pour les curieux à découper et à emporter partout

ment se prononce
ttre **C** devant
ou **y** ?

Réponse : [s].

À quoi reconnaît-on le début d'une phrase ?

Réponse : à la majuscule du premier mot.

Quel est l'outil qui permet de comprendre le sens des mots utilisés dans un texte ?

Réponse : le dictionnaire.

s l'alphabet,
e lettre vient
s le **R** ?

Réponse : la lettre S.

Comment appelle-t-on la femelle du loup ?

Réponse : la louve.

Quels sont les deux verbes conjugués dans la phrase : « Je lis et réponds aux questions. » ?

Réponse : lis, réponds.

l est le singulier
mots « **hérissons** »
hélicoptères » ?

Réponse : le hérisson, l'hélicopt

Comment appelle-t-on une petite maison ?

Réponse : une maisonnette.

Comment appelle-t-on le signe qui sépare **cerf** de **volant** dans le mot « **cerf-volant** » ?

Réponse : le trait d'union.

CE1

Le Cahier d'entraînement

Français

7-8 ans

Le Guide spécial parents

pour aider votre enfant à progresser

et tous les corrigés commentés

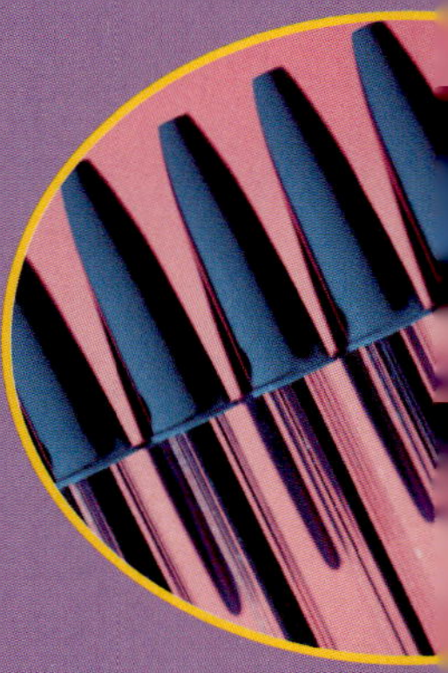

papier 100% recyclé

Bordas

www.annees-de.fr

L'ANNÉE DU CE1

Bien utiliser le cahier d'entraînement

1. Quand utiliser ce cahier ?

Il peut être utilisé le soir, le mercredi ou le week-end, mais aussi pendant les vacances : votre enfant est reposé, donc plus attentif, et dispose de plus de temps.

2. Comment utiliser ce cahier ?

- Autant que possible, rendez-vous **disponible** quand votre enfant se plongera dans ce cahier car il aura besoin d'aide et de conseils.
- Chaque fiche comprend une leçon à lire et à retenir avant de faire les exercices.
- Il est préférable que les corrigés se fassent avec vous : vous pourrez ainsi expliquer certaines difficultés grâce aux conseils qui vous sont destinés.
- Après avoir corrigé la fiche, laissez votre enfant s'évaluer, et n'oubliez pas de l'encourager !

Le petit +

- Sur chaque fiche, une **devinette**, une **petite info** ou une **astuce** viennent illustrer la leçon et l'approfondir : ce petit plus est là pour l'aider à **déjouer les pièges** de certaines notions, ou tout simplement pour **éveiller la curiosité** de votre enfant.
- Il se rendra compte que ce qu'il apprend en grammaire, en conjugaison, en orthographe, en vocabulaire s'inscrit dans un contexte et n'est pas déconnecté de la réalité.

3. Quelle progression adopter ?

- Pour plus d'efficacité, nous vous recommandons d'avancer **en parallèle de la progression suivie en classe** par l'enseignant. Cela permettra aussi à votre enfant de bien préparer ses contrôles.
- Si votre enfant rencontre des difficultés sur certains points du programme en classe, traitez-les en priorité dans ce cahier.
- Ce cahier est conçu par « blocs » : grammaire, conjugaison, orthographe et vocabulaire. Vous pouvez ainsi repérer plus facilement les difficultés de votre enfant et cibler les notions pour lesquelles il a davantage besoin de s'entraîner.

Ce guide a été rédigé par Amélie Blanquet.

Chers parents,

*Nous avons conçu ce cahier d'entraînement de la collection « **L'ANNÉE DE...** » pour aider le mieux possible votre enfant à bien maîtriser toutes les connaissances du programme de français au **CE1**.*

Sa structure simple et efficace est conforme aux Instructions officielles et répond aux exigences de l'école : quatre grandes parties regroupent les notions en **GRAMMAIRE**, **CONJUGAISON**, **ORTHOGRAPHE**, **VOCABULAIRE**.

L'entraînement se fait selon une démarche progressive favorisant d'abord la compréhension puis l'application :

Chaque fiche est abordée en deux temps :
❶ **« Je retiens »**, pour comprendre et mémoriser la notion ;
❷ **« Je m'entraîne »**, pour passer à la pratique par une série d'exercices progressifs et ciblés présentés sous des formes variées.

La notion peut aussi être abordée de **manière ludique** par l'info, l'astuce ou la devinette présente à chaque page.

Le niveau de votre enfant est évalué régulièrement :

➜ **en bas de chaque fiche**, nous lui proposons une **auto-évaluation** simple, basée sur le nombre d'exercices qu'il a réussis ;

➜ **à la fin de chaque partie**, une fiche **« Test »**, notée, vous permet de mesurer ses acquis sur toutes les notions essentielles.

Tous les conseils pour vous aider à bien accompagner votre enfant sont réunis dans ce *Guide Parents*. Nous y avons ajouté **tous les corrigés détaillés** enrichis de **conseils** et d'**astuces** éprouvés par les enseignants pour aider votre enfant.

Utilisé régulièrement et à son rythme, ce cahier d'entraînement sera pour votre enfant un soutien précieux et efficace assurant harmonieusement la liaison école-maison.

L'équipe d'auteurs
Dominique Germa, professeure des écoles
et *Nicole Constant, consultante pédagogique*

Le CE1 en questions

Quel est le principal objectif du CE1 ?

Le CE1 marque la fin du cycle des apprentissages fondamentaux, ou cycle 2. Votre enfant va donc **consolider et enrichir les acquis de GS de maternelle et de CP**, dans ces savoirs élémentaires que sont parler, lire, écrire et compter. À la fin de l'année, il doit maîtriser les bases en maths et en français pour entrer dans le cycle des approfondissements (cycle 3).

Quel est le temps prévu pour chaque matière dans le programme officiel ?

Les horaires officiels sont construits sur une base hebdomadaire.

En fonction de ses objectifs pédagogiques, chaque enseignant peut ainsi librement organiser la semaine de cours.

HORAIRES HEBDOMADAIRES	
Maîtrise du langage et de la langue française	**9 à 10 h**
Vivre ensemble	**0 h 30**
Mathématiques	**5 à 6 h**
Découvrir le monde	**3 à 3 h 30**
Langue vivante étrangère	**1 h 30**
Éducation artistique	**3 h**
Éducation physique et sportive	**3 à 4 h**

AU QUOTIDIEN	
Lecture et écriture (rédaction ou copie)	**2 h 30**
Calcul mental	**15 min**

Comment mon enfant est-il évalué ?

En début de CE1, une **évaluation nationale** permet de savoir si votre enfant commence à savoir lire, écrire et compter. Puis, tout au long de l'année, l'enseignant réalise ses propres évaluations pour adapter au mieux son enseignement. Régulièrement, il complète un **livret scolaire** qui vous informe sur l'état d'acquisition des compétences de CE1 par votre enfant.

Le socle commun de compétences : qu'est-ce que c'est ?

- Il définit un ensemble de **connaissances**, **capacités** et **attitudes** que chaque élève doit acquérir pour réussir sa scolarité obligatoire.
- Il s'organise en **7 compétences** : maîtriser la langue française ; connaître les principaux éléments de mathématiques et de sciences ; pratiquer une langue vivante étrangère ; maîtriser les techniques usuelles de l'information et de la communication ; posséder une culture humaniste ; acquérir des compétences sociales et civiques ; accéder à l'autonomie et à l'esprit d'initiative.

programme du CE1

Français : les compétences attendues en fin d'année

Expression orale

Communication

- Écouter les autres, demander des explications
- Exposer son point de vue dans un dialogue ou un débat
- Interpréter un texte récité ou lu à haute voix

Maîtrise du langage

- Rapporter clairement un événement, une information
- Dégager la signification d'une illustration dans un album
- Dire un poème ou un texte court appris dans l'année

Lecture et écriture

Compréhension

- Dégager le thème d'un texte littéraire (personnages, sujet)
- Lire à haute voix un court passage en mettant le ton
- Trouver dans un texte les réponses à des questions simples
- Relire seul un album illustré lu en classe

Reconnaissance des mots

- Avoir compris et retenu l'alphabet et la correspondance son/écriture
- Déchiffrer des mots inconnus
- Identifier instantanément la plupart des mots courts et les mots longs les plus fréquents

Production de texte

- Écrire lisiblement et de façon autonome un texte court répondant à des consignes claires, en gérant correctement les problèmes de structure et de vocabulaire

Écriture et orthographe

- Écrire correctement les petits mots les plus fréquents (articles, adverbes, conjonctions...)
- Écrire la plupart des mots sans erreur de « sons »
- Copier sans erreurs un texte de quelques lignes
- Utiliser correctement majuscules, points et virgules
- Marquer les accords singulier/pluriel et masculin/féminin dans le groupe nominal (déterminant, nom, adjectif)
- Marquer l'accord du verbe et du sujet dans une phrase simple

Bon à savoir

Du CP au CE1 : ce qui change

- Certaines notions de grammaire, d'orthographe et de conjugaison avec mémorisation des règles.

Par exemple : les variations de terminaison en fonction du temps et de la personne...

- La familiarisation avec le vocabulaire permettant de comprendre le sens des mots (familles de mots, homonymes...).

Aider votre enfant

Pour une vie scolaire réussie

LES 5 RÈGLES D'OR pour aider votre enfant

Un enfant qui apprend a besoin d'être entouré et encouragé. Pour lui donner envie de travailler et le soutenir dans sa scolarité, il faut avant tout **créer un contexte favorable à la maison.**

1 S'intéresser à sa vie d'écolier
Échangez avec lui sur votre journée et la sienne. Vous pourrez ainsi savoir ce qu'il a fait, ce qu'il a appris, ce qu'il en a pensé…

2 Créer un cadre de travail
Définissez avec lui un lieu et un moment pour le travail du soir pour lui permettre de trouver un rythme régulier et favoriser sa concentration.

3 L'encourager
Valorisez ses efforts, ses réussites, ses qualités et invitez-le à exprimer sa curiosité, ses sentiments, ses envies…

4 Être en contact avec son école
Rencontrer régulièrement son enseignant permet d'être informé.

5 Favoriser son bien-être
Une alimentation équilibrée, une heure de coucher déterminée les jours d'école, une activité pour se dépenser, des visites selon ses centres d'intérêt (un château si la chevalerie le passionne)… sont autant d'éléments qui comptent pour son épanouissement.

Organiser le travail du soir

- **Faire attention à ses affaires**

Bien présenter son travail, prendre soin de ses livres et ranger son matériel sont des réflexes que vous pouvez initier dès le début de l'année.

- **Vérifier le travail**

Que votre enfant fasse ses devoirs à l'étude ou à la maison, prenez un moment pour vous assurer que son travail est fait et bien fait. Si vous constatez des lacunes ou s'il a rencontré des difficultés, vous pourrez ainsi l'aider à progresser. C'est aussi une façon de manifester de l'intérêt pour ce qu'il apprend.

- **Limiter le temps de travail**

Les journées de votre enfant sont longues et denses. **30 minutes** de travail en moyenne le soir semblent un temps raisonnable en CE1.

Que faire en cas de difficulté ?

Votre enfant vous semble inquiet, fatigué ? Il a de mauvais résultats ? De nombreuses raisons peuvent en être la cause : trop de travail, peur de mal faire, manque de méthode… **Parlez-en d'abord avec lui**, cela suffit souvent à débloquer la situation. **Discutez-en aussi avec son enseignant** et éventuellement avec d'autres parents d'élèves. Sachez que si votre enfant a du mal à maîtriser les éléments fondamentaux du CE1, l'école devrait vous proposer de mettre en place un **programme personnalisé de réussite éducative** (PPRE). Vous serez tenus informés de ce que fait l'école et des résultats.

Stimuler votre enfant en français

Encourager votre enfant à lire

Son goût pour la lecture va dépendre en partie de la façon dont vous allez le stimuler.

- **À la maison**, prévoyez un endroit pour ranger ses livres, dans sa chambre ou dans la bibliothèque familiale. Dans la mesure du possible, essayez de trouver au moins dix minutes pour l'écouter lire une histoire.
- **À la bibliothèque**, laissez-lui la possibilité de choisir des ouvrages qui répondent à ses goûts et à sa soif de découvertes. Tous les supports sont les bienvenus : romans, BD, contes, documentaires, CD-Rom interactifs...
- **En librairie**, incitez votre enfant à regarder la couverture et la quatrième de couverture. Autorisez-le aussi à feuilleter un livre. Cela lui permettra d'évaluer si l'ouvrage correspond à son niveau de lecture et de se faire une idée de l'histoire... S'il vous demande de l'acheter ou commence à le lire, c'est gagné !

Le petit +

Tout est bon pour s'exercer à lire et les occasions ne manquent pas : le dos du paquet de céréales au petit déjeuner, les affiches dans la rue, la recette du gâteau d'anniversaire...

L'aider à lire et faciliter sa compréhension

Lors de la lecture d'un texte, si votre enfant bute sur un mot, évitez de le dire à sa place tout de suite. Faites-le décomposer le mot pour l'aider et assurez-vous qu'il en a saisi le sens.

À la fin, **vérifiez qu'il a compris l'histoire** en lui posant des questions. Il peut aussi **la reformuler avec ses propres mots** pour bien en fixer le sens. Et pourquoi ne pas **lire l'histoire à deux** ? Chacun son personnage, pour le plaisir de se donner la réplique... Cela l'entraînera aussi à dire un texte avec le ton qui convient.

Enrichir son vocabulaire et améliorer son orthographe

Un bon moyen pour apprendre de nouveaux mots et connaître leur orthographe est de passer par des **petits jeux** : petit bac, mots croisés, fléchés ou mêlés illustrés et adaptés à son âge... Si votre enfant hésite sur l'écriture ou le sens d'un mot, incitez-le à **recourir au dictionnaire**.

Un réflexe précieux pour le cycle 3 !

Le petit +

Encouragez votre enfant à créer ou à enrichir un répertoire orthographique. Il peut y ajouter quelques règles, surtout celles qui font l'objet d'erreurs récurrentes.

Corrigés

GRAMMAIRE

FICHE 1

La phrase

CONSEIL AUX PARENTS

Jouez avec votre enfant en lui disant des phrases qui n'ont ni queue ni tête.

1. **barré** : Robin maison ne. – il pas à la – Pourquoi mange ?
2. Les enfants donnent à manger au chat. – Comme tu es élégante !
3. Émile et Alice sont dans le même CE1. Ils mangent tous les jours à la cantine. Hier ils n'ont pas pu manger à la même table. Ils étaient tristes.
4. Aujourd'hui – La maîtresse – C'est – Le maître nageur – Toutes les filles – Parmi les garçons.
5. Il mange du pain. – Le garçon va à l'école. – C'est Léo qui parle fort. – Je pars demain.

FICHE 2

La ponctuation

CONSEIL AUX PARENTS

Faites tracer dans l'espace des signes de ponctuation. Par exemple, pour le point d'exclamation, commencez en haut, descendez pour faire le trait, puis faites le point en bas.

1. Léo et Antonin ont mis leurs chemises blanches : ce soir, ils donnent un concert avec leur orchestre. Qu'ils sont beaux, ces garçons ! Mais où sont leurs cravates ?
2. Hugo n'a vu ni Robin, ni Lucas. – Elsa, Margot et leurs cousins vont se coucher. – Louise pleure : elle a perdu sa poupée.
3. Chante plus fort ! – Il sait jouer de la harpe, du tuba et du trombone. – Veux-tu m'accompagner au concert ? – Est-ce que nous partirons ensemble ?
4. Quelle fête magnifique ! Pour le bal, Zoé a invité six enfants : trois garçons et trois filles. Elle a choisi des valses, des polkas et des tangos. Qui lui a appris à danser aussi bien ? C'est son oncle !

FICHE 3

Le nom

CONSEIL AUX PARENTS

Jouez au jeu du portrait : un joueur pense à un nom (il dit si c'est un nom propre ou un nom commun), et les autres joueurs lui posent des questions pour trouver ce nom.

1. (marteau…) **une chose** – (agricultrice…) – **une personne** – (verre…) **une chose** – (limace…) **un animal**
2. mammifère – Maxime – Afrique – école – Pâques – Himalaya – éclair – fleuriste
3. chien – Paris – feu
4. Nom propre de ville : Paris

P	O	I	R	E	A	U
A	N	A	N	A	S	
R	U	C	H	E		
I	R	I	S			
S	I	N	G	E		

FICHE 4

Le groupe nominal (GN)

CONSEIL AUX PARENTS

« GN » n'est pas un mot inconnu des enfants, ils ont l'habitude de l'entendre en classe !

1. la/une galette des rois – le/un sac à dos – le/un château fort – la/une rose rouge
2. des planches à roulettes – la voiture de course – une petite camionnette – le camion vert
3. **Rémi** examine **les reptiles**. Plus loin, **des lions affamés** somnolent. **Un gardien** nourrit **des perroquets multicolores**. **Cette visite au zoo** est impressionnante.
4. un ogre méchant – les petits **lutins** capricieux – le **champignon** vénéneux – l'adorable **princesse** – la porte **magique**
5. bouée – poissons – filets – bateau – casiers – canne – canot – gardien
6. Cet été, Quentin a vu **l'océan atlantique** pour **la première** fois. Il a adoré **les grandes** vagues et **le** sable **doux**.

Corrigés

FICHE 5

Le verbe

CONSEIL AUX PARENTS

Demandez à votre enfant de trouver tous les verbes à l'infinitif dans une fiche de montage, un mode d'emploi ou une recette.

1 Elle **travaille**. – Vous **parlez** – Le chien **tire** – Ils **sont** – Nous **marchons** – **trembles**-tu – On **n'est pas**

2

F	I	N	I	R
A	E	A	R	E
I	T	G	I	V
R	R	E	R	E
E	E	R	E	R

3 Les enfants jouent dans le sable. / jouer – Le chat t'a griffé. /griffer – Sa blessure guérira vite. / guérir – Je lisais une histoire. / lire

4 tombe – est – devient – dit – a – ira

5 elle **range** – tu ne **manges** – Ce garçon **nage** – la maison **brûle** – tu peux **lancer**

FICHE 6

La route du temps

CONSEIL AUX PARENTS

Si votre enfant se trompe à l'exercice 4, rappelez-lui des événements de sa vie et demandez-lui de les rattacher aux mêmes indicateurs : la semaine dernière…

1

passé	présent	futur
hier	aujourd'hui	demain
il y a 100 ans	maintenant	le mois prochain

2 futur – présent – passé – futur

3 Plus tard – la semaine dernière – il y a deux minutes

4 Rémi **n'a pas** – Sébastien l'**a poussé** – ce qui **a fait** rire – les parents de Rémi **rappellent** – le maître nageur les **évaluera**

FICHE 7

Le sujet du verbe

CONSEIL AUX PARENTS

Dites une phrase à votre enfant et demandez-lui d'indiquer le verbe et le sujet en utilisant l'astuce. Répétez cet exercice régulièrement.

1 C'est **Marie** qui **observe** les **têtards**. – Ce sont **les grenouilles** qui **sautent sur les galets**.

2 **nom propre :** Noé, Jules, Noé, Jules (et lui) – **GN sujet :** Les deux chiens, le chien – **pronom :** il, ils, (Jules et) lui

3 **Marion** a trouvé – **Ces animaux** se nourrissent – **Ils** enterrent

4 L'/Un oiseau – Le/Un serpent – Le/Un poisson – Le/Un kangourou – Le/Un canard

5 le vent se lève – Le chien rentre vite – les enfants regardent

FICHE 8

Les pronoms personnels sujet

CONSEIL AUX PARENTS

Si votre enfant se trompe à l'exercice 4, inventez-en d'autres sur le même modèle.

1 1. a/c – 2. d – 3. b

2 le manège/il – la grande roue/elle – les adultes/ils

3 Elle mange une glace. – Où vas-tu ? – Comment allez-vous ? – Nous donnons nos tickets.

4 Elle – Il – Elles – Vous – Nous

5 **Elle** est rouge. – **Je** me repose. – **Nous** pensons aux vacances. – **Il** est à mon frère. – **Ils** sont à la patinoire. – **Ils** sont partis pour prendre leur train.

FICHE 9

Test d'évaluation

1 Où se trouve le prochain refuge ? – Quel temps magnifique ! – J'ai pu observer un troupeau de chamois avec mes jumelles. – Dans quelle direction vas-tu ? – Elle adore marcher sous la pluie. – Regarde devant toi !

2 **nom propre :** Rose, Londres, Martinique – **nom commun :** plombier, herbe, ouistiti

3 une belle **journée** ensoleillée – un petit **hangar** en bois

4 Arrête de courir ! – Pourquoi cries-tu ? – J'ai mal aux pieds. – Cette promenade plait beaucoup aux enfants. – Où mène ce sentier ? – Que de monde ici !

Corrigés

5 rêver – bailler – réunir – aimer – réagir – aider

6 je – les dahlias – vous – Paul – Lise et Benoît – tu – Anne et moi – La maison

CONJUGAISON

FICHE 10

Le passé, le présent et le futur

CONSEIL AUX PARENTS

Dites des phrases simples au présent et demandez à votre enfant d'utiliser l'astuce pour les transformer (à l'oral) au passé et au futur.

1 Il a oublié. – Tu t'ennuies. – Je chante.

2 **noirci** : a invité – se casse – rentrent – s'est reposée – termine

3 Simon **a fini** – Alice qui **finit** – Alice **mangera** – elle **mange** – elle **a mangé** – elle **mangera** – Simon, lui, **mangera**

FICHE 11

Le présent : verbes comme chanter

CONSEIL AUX PARENTS

Fabriquez un jeu de sept familles : 7 verbes du 1er groupe au présent, 1 carte par forme conjuguée (en différenciant par la couleur le -e de la 1re p. s. et celui de la 3e p. s.). Le but du jeu est de réunir les 7 cartes correspondant au même pronom de conjugaison.

1 sauter – se disputer – rêver – voyager

2 **Je** dessine un monstre. – **Elle** mange un flan. – **Ils/Elles** copient une recette. – **Nous** regardons les étoiles.

3 Tu adores danser. – Je pense à toi. – Louis écoute de la musique. – Lisa et Théo jouent aux billes. – Elsa et toi cherchez le chien. – Robin et moi préparons le repas. – La lionne allaite le lionceau.

4 Nous admir**ons** tous sa voix. Il chant**e** très bien. « Tu me donn**es** envie de danser ! » dit la maîtresse. « Et si nous all**ions** dans la salle de jeux ? Pendant que je ferm**e** la classe, vous rang**ez** vos affaires dans les casiers. »

5 nous **décorons** – Elles **préfèrent** – **invites**-tu – La mère d'Émile **travaille** – **j'aide** – Vous ne **mangez** pas

FICHE 12

Le présent : verbes comme finir

CONSEIL AUX PARENTS

Faites le même jeu que pour la fiche précédente, mais avec des verbes du 2e groupe.

1 grandir – rougir – jaunir – nourrir – garnir

2 **nous** finissons – **les fruits** pourrissent – **Je** remplis – **vous** remplissez – **tu** remplis – **Juliette** réunit

3 Les potirons grossissent. – Je remplis la gourde. – La voiture ralentit.

4 Ils **élargissent** – Nous **bâtissons** – L'herbe **jaunit** – Je **nourris** – Jean-François et toi **obéissez**

5 Carla et moi **bondissons** – un avion **atterrit** – **choisis**-tu – vous **salissez** – Je vous **punis**

FICHE 13

Le présent : aller, faire et dire

CONSEIL AUX PARENTS

Les formes dites et faites sont à reprendre, tant à l'oral qu'à l'écrit. Faites remarquer que l'on prononce [fə]sons et que l'on écrit faisons.

1 allons – faites – dis – vas – font – disent

2 Il/Elle – ils/elles – je – Nous

3 Julien et son frère **vont** – Tu **fais** – **dit** un jour le professeur – **je fais** – Vous me **dites**

4 Jules et Marie font aussi de la peinture. – Je vais mieux. – Je dis quand je partirai. – Marianne dit qu'elle va rentrer.

Corrigés

5 je **vais** – nous **allons** – elle me **fait** – je lui **dis** – nous **faisons**

FICHE 14

Le présent : être et avoir

CONSEIL AUX PARENTS

Pour ne pas confondre es/est, as/a, rappelez que lorsque le sujet est tu, le verbe prend toujours un s : tu as / tu es.

1 **être** : est, sont, es – **avoir** : ont, a, as

2 1. f – 2. c – 3. b – 4. e – 5. a – 6. d

3 j' – Les chamois – le rapace – elles – vous

4 Nous **sommes** au refuge. – Tu **as** froid. – Elle **est** dans le dortoir. – J'**ai** faim.

5 a – sont – est – avons – ont

FICHE 15

Le passé composé (1)

CONSEIL AUX PARENTS

« Auxiliaire » est un terme employé en classe. Toutefois, pour favoriser la compréhension de ce mot, replacez-le dans le quotidien : auxiliaire de vie, auxiliaire-puéricultrice.

1 a dépassé – a klaxonné – ont ébloui

2 Tu as freiné. – On a traversé. – Ils ont doublé. – Nous avons atterri. – J'ai fini.

3 a remercié – avons ralenti – ont maigri – avez recommencé

4

infinitif	présent	passé composé
chanter	tu **chantes**	tu **as chanté**
remercier	je remercie	**j'ai remercié**
noircir	**elles noircissent**	elles ont noirci
adorer	nous adorons	**nous avons adoré**

FICHE 16

Le passé composé (2)

CONSEIL AUX PARENTS

Soyez vigilants avec l'utilisation du passé composé du verbe aller, souvent confondu à l'oral avec celui du verbe être. je suis allé (verbe aller) / j'ai été (verbe être)

1 est remontée – sommes restés – suis rentrée – êtes allées

2 Je suis allée me promener. – Vous êtes rentrés tard. – Elle est restée debout.

3 Le funambule est **monté** – Les chevaux sont **entrés** – La magicienne est **rentrée** – Nous sommes **allés** – Tu es **allé**

4 Le lion **est retourné** dans sa cage. – Je **suis resté(e)** pendant une heure. – Elles **sont arrivées** en courant. – Nous **sommes tombé(e)s** d'accord.

FICHE 17

Le passé composé (3)

CONSEIL AUX PARENTS

Le participe passé du verbe avoir s'écrit eu, mais attention : votre enfant entend [y].

1 **barré** : suis – eu – été – sont

2 Le bibliothécaire a été très heureux. – Le bibliothécaire n'a pas eu beaucoup de travail. – Les adultes ont-ils été les premiers ? – Les adultes ont eu une bonne surprise. – J'ai eu un cadeau. – Tu as eu chaud.

3 Nous avons **été** – Ils n'ont pas **eu** – Avez-vous **été** polis– J'ai **eu** – Tu as **eu**

4 Parce qu'elle a eu faim. – Parce que nous avons été malades. – Parce que j'ai eu peur. – Parce qu'ils ont été sages. – Parce que j'ai eu le vertige.

FICHE 18

Le futur (1)

CONSEIL AUX PARENTS

Faites remarquer que l'on entend toujours [r] dans la dernière syllabe d'un verbe conjugué au futur.

1 je finirai – ils marcheront – vous envahirez

2 **ils/elles** avanceront – **Je** regarderai – **nous** réagirons – **Il/elle** choisira – **Tu** saliras – **Vous** chercherez

3 Les chevaliers rang**eront** – tu roug**iras** – Je te félicit**erai** – Vous ne cri**erez** – Il rempl**ira**

4 Je réciterai deux couplets. – La pierre brillera au soleil. – Elles guériront. – On profitera des vacances.

Corrigés

5 les chevaux **franchiront** – Tu **pousseras** – la jument **obéira** – je **remplirai** – On vous **présentera** – Il vous **donnera**

FICHE 19

Le futur (2)

CONSEIL AUX PARENTS

Insistez sur l'orthographe du verbe faire qui, au contraire du présent, se prononce [fə] et s'écrit fe. Je ferai des courses.

1 Tu iras à l'épicerie. – Ils feront du bruit. – Ils diront où elle est. – Nous irons au bal. – Nous dirons un poème. – On fera du camping.

2 **Le contrôleur** nous dira – **les passagers** iront – **Alice et moi** dirons – **La conductrice**

3 tu **iras** – Je lui **ferai** – Vous me **direz** – Elles **iront** – On lui **dira**

4 **ferez**-vous – **iront**-elles – tu lui **diras** – Je **ferai** – **ferons**-nous – j'**irai**

5 Nous **ferons** – Vous nous **direz** – qui **sera** – J'**irai** – Tu n'**auras** pas – Félix et toi **irez/serez** – les personnes qui **auront** – Marc **fera**

FICHE 20

Le futur (3)

CONSEIL AUX PARENTS

Pour ne pas confondre sera/seras, aura/auras, rappelez qu'avec le sujet tu, le verbe prend toujours un s.

1 aura – sera – serons – aurai – auront – serez

2 **J'aurai** – **Elles** seront – **vous** aurez – **Nous** serons – seras-**tu** – **Il/Elle** n'aura pas

3 1. b – 2. c – 3. d. – 4. a– 5. e

4 Vous aurez trente minutes de repos. – Seras-tu gentille avec lui ? – Ce gâteau aura du succès. – Les fourmis n'auront rien à manger.

5 Je serai chez des amis. – Il aura cinq ans dans un mois. – Avec cette chaleur, nous aurons très soif. – Non, elles ne seront pas en vacances. – Oui, elle sera présente.

FICHE 21

Test d'évaluation

1 rame – réussissons – accélérez – réagissent – arrive – avertit

2 Tu as de la crème sur le cou. – Il a de la chance. – Nous faisons la sieste. – Je vais à la plage. – Vous allez mieux. – Vous dites des bêtises. – J'ai mal au cœur. – Elles sont fatiguées.

3 Pierre et Arthur **ont fini** – Adèle **a colorié** – J'**ai sali** – On **a acheté** – Vous **avez noirci** – Les adolescents **ont apprécié**

4 **Mathilde** est restée – **Jérémy** est tombé – **Nous** sommes rentrés – **Je** ne suis pas arrivée – **Étienne et toi** êtes entrés – **Tu** es monté

5 Ninon et Léa ne vom**iront** pas – Margot fin**ira** – Je les accompagn**erai** – Tu retrou**veras**

ORTHOGRAPHE

FICHE 22

Les accents

CONSEIL AUX PARENTS

Pour aider à mémoriser le sens des accents, faites-les tracer dans l'espace. Exemple : pour l'accent aigu, partez du haut et allez vers la gauche.

1 **grave :** là, où – **circonflexe :** âne, forêt – **aigu :** thé, écoute

2 circonflexe – aigu – grave – tréma

3 août – février – décembre

4 la fête des mères – l'herbe du pré – la chèvre au bord de l'étang – une règle d'orthographe – une énorme bête – l'épée de Zorro – la lettre au Père Noël – la mêlée de rugby – la fumée de la cheminée – de la farine et du café – l'arête du poisson – la tête de la mule

Corrigés

5 Léo – ont invité – le goûter – Ils ont posé – de maïs – gâteaux – à la crème – le pêcher – une guêpe

FICHE 23
L'apostrophe

CONSEIL AUX PARENTS
En cas d'hésitations, insistez sur ce qui n'est pas correct : ~~le~~ éléphant – je ~~ne~~ aime pas /~~je~~ aide maman…

1 l'éléphant – **l'**animal – **la** girafe – **l'**insecte – **le** rhinocéros – **l'**otarie – **la** panthère – **le** tigre

2 ne – n' – n' – n'

3 le hibou – le hérisson – la hache – l'herbe – l'hiver – l'homme – l'hirondelle – l'heure

4 Parce que je n'aime pas les épinards. – J'arrose les tomates. – Oui, j'ai l'intention d'y aller. – Non, je m'amuse. – Non, j'arrête de jouer.

5 **s'**intéresse – **l'**électricité – **la** prise, **l'**ampoule – **le** fil – **l'**interrupteur – **l'**hôpital – Elle **n'**est pas – **c'**est vrai – **l'**orage – **d'**accord – elle **n'**en fait **qu'**à – ils **l'**inscirtont

FICHE 24
La lettre finale muette

CONSEIL AUX PARENTS
À chaque fois que c'est possible, utilisez l'astuce et faites apprendre par cœur les autres mots.

1 tapis – ah ! – tronc – vingt – trop – mieux

2 rebondir/le **rebond** – **camper**/le camp – **débuter**/le début – ranger/le **rang** – sauter/le **saut** – se reposer/le **repos** – **chanter**/le chant

3 la pluie – un chat – un dos

4 Cet immeuble est très **haut.** – Ce plat est encore **chaud.** – Le ciel est **gris.**

5 oiseaux – dispersés – dans – champ – gant – poing – renard – prairie – endormie – devant

FICHE 25
Les valeurs de la lettre s

CONSEIL AUX PARENTS
Avec les sons [ɔ̃], [wa], [ɑ̃] et [ɛ] on n'entend ni le o ni le a, mais il faut mettre ss pour faire le son [s]. En cas d'oublis à répétition, faites entourer le son qui suit le s : moiss<u>on</u>.

1 j'entends [s] : chaussette, brosse, espoir – j'entends [z] : oiseau, chemise, télévision

2

			T						
C	A	R	R	O	S	S	E		M
			E				S		A
	V	A	S	E			C		S
			S				A		Q
			E				L		U
				E	G	L	I	S	E
							E		
							R		

3 voisin – cassé – assiettes – débarrassait – élastique – réalisé – Heureusement – épouse

4 sieste – rose – poste – rasoir – dessin

FICHE 26
Les valeurs de la lettre c

CONSEIL AUX PARENTS
Avec les sons [ɔ̃], [wa], [ɑ̃] et [ɛ], on n'entend ni le o ni le a, mais il faut mettre la cédille pour faire le son [s]. En cas d'oublis à répétition, faites entourer le son qui suit le c : faç<u>on</u>.

1 citron – limace – garçon – collier – bracelet – scarabée – scie – balançoire

2 hameçon – français – lionceau – ciseaux – reçu – cerise – institutrice – façade – facile – camion – cochon – action

3 François – reçu – un limaçon – glaçons – il avait aperçu – au maçon !

4 cave – glace – lac – ciel – France

5 Nous le **lançons** – **avancez**-vous ? – Je le **place** – le film **commence** – Nous **enfonçons**

Corrigés

FICHE 27

Les valeurs de la lettre g

CONSEIL AUX PARENTS

Avec les sons [ɔ̃], [wa], [ã] et [ɛ], on n'entend ni le o ni le a, mais il faut mettre le e pour faire le son [ʒ]. En cas d'oublis à répétition, faites entourer le son qui suit le g : plonge[on].
Avec les sons [ã] et [ɛ̃], on n'entend ni le e ni le i, mais il faut mettre le u pour faire le son [g]. En cas d'oublis à répétition, faites entourer le son qui suit le g : gu[in]guette.

1 rougeole – Guignol – dégustation

2 blagues – bague – âge – a

3 le magasin – légumes – des oranges – des goyaves – des figues – nous mangeons – en mélangeant – un gigantesque saladier – son déguisement – de guadeloupéenne

4 son **visage** – les **vagues** – **fragile** – son **garage** – du **plongeoir**

FICHE 28

m ou n ?

CONSEIL AUX PARENTS

En cas d'oublis à répétition, faites entourer le m, le b ou le p avant les sons [ã], [ɔ̃], [ɛ̃] : im[p]oli.

1 jambe – pompe – impossible – décembre

2 ambulance – ensemble – champignon – trompe – montagne – timbale

3 novembre – dent – tambour – pompon

4 d'emmener – dans – emporté – tranches – jambon – concombre – bonbons – reposeront – ombre – branches – sapin

5 **on/om :** un carton, tomber, l'ombre – **an/am :** le vampire, une angine, un volant – **en/em :** la menthe, encore, trembler – **in/im :** l'invité, un indien, immangeable

FICHE 29

Le féminin des noms

CONSEIL AUX PARENTS

Associez féminin à femelle et masculin à mâle, comme pour les animaux, afin que votre enfant mémorise la notion plus facilement.

1 magicienne/magicien – indien/ indienne – chienne/chien – musicien/musicienne – pharmacienne/pharmacien – paysan/paysanne

2 une chanteuse – l'aviatrice – une directrice – une danseuse – la lectrice – la vendeuse

3 le fermier/la **fermière** – un **sorcier**/une sorcière – l'ouvrier/l'**ouvrière** – un boucher/une **bouchère** – le **cavalier**/la cavalière – l'infirmier/l'**infirmière**

4 ourse – lapine – cousine

5 marchande – épicière – la gardienne – monitrice – comédienne – dompteuse – tigresses

FICHE 30

Le pluriel des noms

CONSEIL AUX PARENTS

Associez, aussi souvent qu'il le faut, pluriel à plusieurs pour que votre enfant pense à mettre la marque.

1 fleurs – arbustes – végétaux – moineaux

2 1. b – 2. c – 3. d – 4. a

3 deux vélos – les lassos – plusieurs drapeaux – quatre pianos – deux sauts

4 les **instituteurs** – plusieurs **jeux** – Les **enfants** – les **yeux** – des **œufs** – leurs **dents** – des **souris** – des **noix**

5 métaux – médecins, hôpitaux – vipères, animaux, couleuvres – chevaux

FICHE 31

Le féminin des adjectifs qualificatifs

CONSEIL AUX PARENTS

Reportez-vous au mémo du GN (fiche 4) si votre enfant hésite avant de reconnaître l'adjectif qualificatif.

1 **outil :** abîmé, rouillé, ancien – **pince :** usée, vieille, métallisée

2 **barré :** neuve – long – dangereux – dorée – chaud – frais

Corrigés

3 une grosse maison – la vitre cassée – la tuile ébréchée – une journée fatigante – une façade restaurée – une bonne idée

4 la **première** journée – une **vieille** roue – une ouvrière **courageuse** – la **belle** photographie – une température **agréable** – une fillette **malicieuse**

5 chaleureuse – bruyante – magnifique – patiente – chère

FICHE 32

Le pluriel des adjectifs qualificatifs

CONSEIL AUX PARENTS

Faites apprendre l'astuce par cœur pour mémoriser la notion de nombre.

1 **S :** timide, affectueux, affamé – **P :** blancs, usés

2 une musique **douces** – un homme **attentifs** – des adolescents **courageuxs** – une pelouse **tondues**

3 un magasin fermé – des placards rangés – des livres anciens – de vieux journaux – de beaux manuscrits – un jour férié – des étagères neuves – de gentils chatons – une petite poule rousse

4 malades – abandonnés – silencieux – heureuses

5 des invités **odieux** – des saucisses **brûlées** – les **charmants** voisins – arrivés **déguisés** – d'**excellentes** pâtisseries

FICHE 33

L'accord sujet-verbe

CONSEIL AUX PARENTS

Reprenez la question et la réponse qui permettent de trouver le sujet en cas d'hésitations.
L'abeille butine. Qui butine ? C'est l'abeille.

1 Les carnivores **mangent** – Les enfants **vont** – Le panda **se nourrit** – Les insectes **ont** – Les chasseurs **prennent**

2 **barré :** plonge – se précipite – creusent – foncent

3 Le dauphin est un mammifère. – Le dauphin peut sauter très haut. – Je fais le tour du zoo. – Les marmottes hibernent pendant l'hiver. – Les marmottes regardent les randonneurs. – Nous admirons le travail des abeilles.

4 Paul et Martin **ratissent** le jardin. – L'iris **fleurit** au printemps. – Le citron et l'orange **sont** des agrumes. – Le rhinocéros **fait** peur. – Les lions **rugissent**. – Cet enfant **dit** vrai. – Les melons **ont** un goût sucré.

FICHE 34

Les homophones grammaticaux

CONSEIL AUX PARENTS

Insistez sur le sens des mots lorsque votre enfant hésite et faites-lui utiliser l'imparfait pour trouver l'orthographe.

1 Il y a six jours, Marine **avait** un gros rhume. – L'année dernière, ils **avaient** le temps de jouer. – Hier, Théo **avait** l'air sérieux.

2 Ils ont envie de manger des sorbets à la fraise. – On a très faim.

3 **barré :** à – a – on – ont – a – a

4 Ninon n'a plus – Ses cousins **ont** – **à** jouets – **à** repasser – qu'**on a** – **à** replier – **on** doit

FICHE 35

Test d'évaluation

1 **la** fête de l'école maternelle – les rennes du Père Noël – le gâteau aux mûres et aux mirabelles

2 canard – pharmacie – désert – loup – banc – galop

3

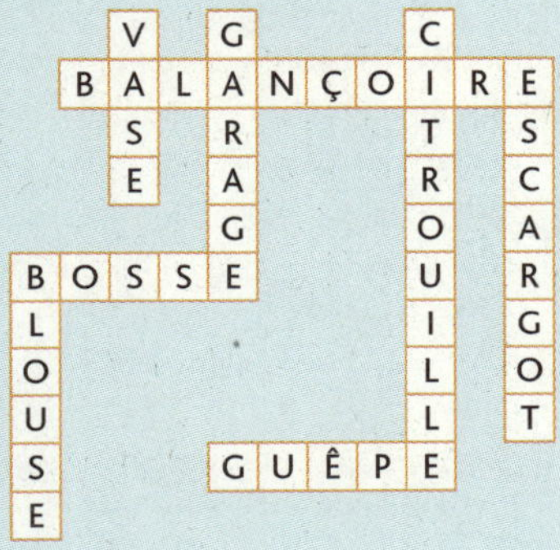

Corrigés

4 **barré :** bonbonx – cheveaux – chapiteaus – osses – travails – camionnette

5 **1er menu :** une soupe froide, des haricots **froids** – **2e menu :** des canards **entiers**, des oies **entières** – **3e menu :** un gâteau **délicieux**, une tarte **délicieuse**, des légumes **délicieux**

6 **Laure et moi** sommes arrivées – **Tom** aussi est – **Je** lui dis – **les acteurs** ne rentreront – **il** insiste – **Tous les spectateurs** sont – **Les lumières** s'éteignent – **le spectacle** commence

VOCABULAIRE

FICHE 36

Le dictionnaire

CONSEIL AUX PARENTS

Jouez avec votre enfant au jeu du « petit bac » : on tire une lettre au hasard, et chaque joueur doit, dans un temps donné, trouver un nom d'animal, de plante, de ville… qui commence par cette même lettre.

1 **définitions :** boa – antilope – buffle

2 A – Q – H – M – Y – A

3 **noirci :** après – avant – avant – après

4 Le chien de ma voisine boit du thé.

5 dromadaire – hamster – hérisson – koala – lama – limace

FICHE 37

Les abréviations

CONSEIL AUX PARENTS

Faites remarquer la présence d'abréviations dans la vie quotidienne, et faites-les « traduire » par l'enfant : bus, tram, météo… Utilisez le dictionnaire si nécessaire pour l'exercice 4.

1 moto – tram – bus – auto – métro – vélo

2 météorologie – géographie – volley-ball – basket-ball – automobile

3 football – récréation – handball – mathématiques – gymnastique – assez bien – bien – très bien

4 n. – v. – m. – p. – inv. – adj. – f. – s. – pron. – fam.

5 télévision – informations – journal télévisé – publicité – météorologie

FICHE 38

Le « mot étiquette »

CONSEIL AUX PARENTS

Faites fabriquer à votre enfant un jeu des 7 familles (dessins, découpage/collage) : la famille des véhicules, des fleurs… et jouez-y avec lui !

1 Une fusée est un moyen de transport. – Une valise est un bagage. – La Seine est un fleuve.

2 marguerite – lettre – France – verre

3 rapace – boisson – mammifère – fruit

4 bijou – vêtement – meuble – métal

5

mot étiquette	jour	mois	saison
mots	lundi **mercredi** **jeudi**	**janvier** **mars** avril **août**	**hiver** **été** **automne**

FICHE 39

Les mots de la même famille

CONSEIL AUX PARENTS

Saisissez chaque occasion pour dresser la liste de tous les mots déjà connus appartenant à la même famille. Pour l'exercice 2, on pourra compléter par dentier, appareil dentaire, édenté, dentition…

1 nageoire, nager, nage – éventail, vent, ventilateur

2 **dentiste** – **dent** – **dentifrice**

3 école – chaud – changer – courir – parapluie

4 terrain – terrasse – terrestre – territoire – atterrissage

Corrigés

5 trois **rangées** – de **ranger** – un grand **rangement** – en **dérangement** – de ne pas **déranger**

FICHE 40

Les mots dérivés

CONSEIL AUX PARENTS

Amusez-vous avec votre enfant à manier les préfixes : antigel, antivol, antirouille…

1 **chant :** chanter, chanteur, enchantement – **vol :** volière, voleur, s'envoler

2 **sur**geler – **ra**lentir – **im**politesse – **im**prudent – **ra**conter – **sur**voler

3 crier – mentir – acheter – grimacer – enfourner – rougir

4 beau – lourd – léger – charge

5 Para

										P	
	P		P							A	
P	A	R	A	T	O	N	N	E	R	R	E
	R		R							A	
P	A	R	A	C	H	U	T	E		V	
	S		P							E	
	O		L							N	
	L		U							T	
			I								
			E								

FICHE 41

Les mots contraires

CONSEIL AUX PARENTS

Attention, contraire n'est pas équivalent de différent : **le jouet est sur la table / sous la table** (le contraire), mais il peut être aussi à côté (différent).

1 beau/laid – arriver/partir – avant/après

2 imparfait – **dé**faire – **in**égal – **im**poli – **mal**adroit – **dé**monter

3 sale – faux – à l'envers – sans

4 fermé – facile – courte – fin – léger

5 devant – grande – pleine – éteindre – commencer

FICHE 42

Les différents sens d'un mot

CONSEIL AUX PARENTS

Feuilletez le dictionnaire avec votre enfant et repérez des mots connus qui ont plusieurs sens.

1

cuisinière  

feu  

pêche  

2 intervention chirurgicale – animal – cloque

3 **noirci :** photocopiées – métallique – allumées – dorés – savonneuse

4 sur le **canapé** – une **flûte** – de **flûte** – le **canapé** – le **verre** – une **pile** – des **piles**

FICHE 43

Les nuances de sens

CONSEIL AUX PARENTS

Veillez à ce que votre enfant n'emploie pas le mot trop à la place de très ou de tout.

1 étroit, serré, large – chaud, brûlant, tiède

2

nuageux

brumeux

pluvieux

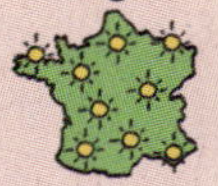
ensoleillé

neigeux

orageux

3 moins – plus – plus – moins

4 **barré :** trop – tout – trop – plus – trop

FICHE 44

Les homonymes

CONSEIL AUX PARENTS

Faites inventer par votre enfant des phrases avec les homonymes de la fiche.

Corrigés

1

mûre – eau – vin – haut – vingt – mur

2 la **peau**/un **pot** – la **fin/faim** – la **tente**/sa **tante** – a **pris**/de **prix**

3 sot/idiot – seau/récipient – saut/bond – maire/à la tête de la mairie – mère/maman – mer/étendue d'eau

4 ver – vers – vert – verre

5 **noirci :** cou – point – court – sans – mètre – cygne

FICHE 45

Le langage familier

CONSEIL AUX PARENTS

Amusez-vous avec votre enfant à alterner des dialogues dans plusieurs registres de langue.

1 flic/policier – moche/laid – flemmard/paresseux

2 avoir du bol – du boucan – le gosse

3 chance – nourriture, très – beaucoup/plein d'

4 boulot – bagnoles – bouquiner

5 Quel désordre ! – Ce livre est intéressant. – Je travaille trop. – Ce clafoutis est très bon. – Il a peur.

FICHE 46

L'origine des mots

CONSEIL AUX PARENTS

Cherchez avec votre enfant dans le dictionnaire l'origine de certains mots connus.

1 week-end – handball

2 Piano/Signifie tout doucement. – Biscotte/Vient de **biscotto** qui veut dire « cuit deux fois ». – Radis/Vient de **radice** qui veut dire « racine ». – Spaghetti/Est le diminutif de **spago** qui veut dire « ficelle ».

3 choucroute – menhir – safari – trèfle – doigt

4

						K	
			B	O	U	E	
			A			P	
			L			I	
			C				
			O			W	
C	A	R	N	A	V	A	L
						G	
						O	
						N	

FICHE 47

Test d'évaluation

1 rêver – rouler – sauter – sonner – tousser – trembler

2 météorite – écorce – vent

3 tendresse – gentillesse – vitesse – mollesse – faiblesse – tristesse

4 impair – malhonnête – absent – froide – silencieux – impardonnable

5

bouton

bouchon

bretelles

dossier

6

			M	E	T	R	E	
				N				
				C				R
M				R	E	N	N	E
A	N	C	R	E				I
I					P	A	I	N
T					I			E
R					N			
E								